Die LYRIKEDITION 2000 wird herausgegeben von
Heinz Ludwig Arnold

Das Buch

Der Vergleich des Künstlers mit einem Seismographen, der über die Fähigkeit verfügt, frühzeitig und genau Stimmungen und Bewegungen aufzuzeichnen, sei hier wieder in Erinnerung gerufen. Denn Thomas Krämers Zeiger arbeiten exakt und punktgenau und er findet dabei Sprachbilder, die kein Gramm zu viel haben.
Situationen des Innehaltens – der Held alleine im Zimmer lässt das Geschehene Revue passieren – sind oft die Ausgangspunkte seiner Gedichte. So einfach seine Mittel scheinen, so literarisch sind sie. Kurze an Haikus angelehnte Gedichte wechseln mit längeren ab. Fast immer aber spielt die Natur in Krämers Gedichten eine Hauptrolle, nicht zuletzt als Spiegel für die Befindlichkeit des Menschen (»Die Frage des Regens / beantwortet Schlaf«). Diese atmosphärischen Momentaufnahmen sind prall gefüllt vom Zauber des Lebens und seiner Vergänglichkeit. Der Mensch kann seine Spuren hinterlassen, aber für jedes Subjekt gilt: keines kann bleiben.

Der Autor

Thomas Krämer, Jahrgang 1967, studierte evangelische Theologie in Wuppertal und Bonn. Seit 1998 lebt er als freier Schriftsteller in Urbar bei Koblenz. Er veröffentliche Prosa und Lyrik u. a. »Die Stunden des Sammlers«, 1989; »Stillaub Herbstleben«, 1997; »Um Antwort wird gebeten«, 1997. Er gab u. a. »Fremd-Land«, Dichtungsring Nr. 31, 2002 (mit Gerd Willée); »Abgenutzter Engel. Zehn rumänische Dichter«, 2004 (mit Francisca Ricinski-Marienfeld); »Vorkehrungen«, Neue Texte aus Rheinland-Pfalz, 2004 heraus. Er erhielt Preise und Auszeichnungen u. a. das Auslandsstipendium des VS und des Auswärtigen Amtes 1997, Preis der Zeitschrift Convorbiri Literare, Iaşi, Rumänien für Übertragung zeitgenössischer rumänischer Lyrik, 2004.

Thomas Krämer

Formloser Antrag auf Schnee

Gedichte

LYRIKEDITION 2000

Weitere Informationen über den Verlag und sein Programm unter:
www.lyrikedition-2ooo.de

Bibliographische Information Der Deutschen Bibliothek

Die Deutsche Bibliothek verzeichnet diese Publikation in der Deutschen Nationalbibliographie; detaillierte bibliographische Daten sind im Internet über <http://dnb.ddb.de> abrufbar.

© 2005 Buch&media GmbH/LYRIKEDITION 2000
Umschlaggestaltung: Bauer+Möhring, Berlin
Herstellung: Books on Demand GmbH, Norderstedt
Printed in Germany · ISBN 3-86520-124-5

*... erheben Einspruch gegen den kurzlebigen Tag
und stellen formlos Antrag auf Schnee*

Walter Werner,
Im letzten Quartal (1968)

IN MEMORIAM W. W. (1922–1995)

Ob da was singt

Himmeroder Tagebuch
Sommer 2002
Für B.

HORCHEN
Was singt
tief drin
Ob da
was singt
Der Regen
als Auftakt
im Hof

Tag unterm Herz
Trächtig der Sommer
das Wort
Auf fliegt der Atem
zu dir

ZIEHT DER AUGUST
Wolken querblau
Zögernde Stimmen
Wer fehlt

Ein Sommer
trägt sich leicht
Gewoben
aus Stimmen und Licht
Halme und Lieder
wachsen
dem Tag zu

Ausgedünnt die
Vespergesänge
wachsen
die Kreuze im Grün
Namen und Steine
und doch

DIE FLUGZEUGE WIEDER
Im schnelleren Takt reißt
die Zeit
Noch wiegeln die
Zeitungen ab

LEICHT SCHAUKELND
hängt der Sommer im Tag
Ast über Ast
apfelrot

BRICH AUF
den Tag mir
Dein leises Messer Wort
knackt Schalen
legt Licht frei

SCHMETTERLINGSFLÜGEL
im warmen Gras. Schlag langsam
der Sturm hat noch Zeit

HINTER DEM NEBEL
wärmt sich mein Morgen
Ein Krähengespräch
und ein Wort hin
und her
Nie lastet hier Stille
sie schwingt
Der ganze Ort
ein Refrain

Der Weiher
am Abend
Jäh sticht
die Kälte ins Fleisch
Wir sprechen uns
Wärme ins
Herz

Nach dem Konzert

Wirrwarrworte im Hof
Den Kopf und das
Herz voll Musik
nick ich dem
Schritttakt zum
Trotz

WIEDER STILL

Der Abendwind blättert
im Tag

DIE FRAGE DES REGENS
beantwortet Schlaf
Die ruhigen Züge des
Atems
Obdach
am Weg

Seerosenblüten tagein
Der Nachmittag wächst
nimmt uns
mit

Der Regenvorhang
zerriss
Ein Fischreiher schraubt sich
ins Blau
Sein heiserer Schrei
flickt den Tag

GRASHÜPFERTRÄUME
am Bachbett
Die Decke im Licht
Augenhöhe der Halme
Blicke
und Blicke zurück

HORCHEN
was singt
tief drin
Dass da
was singt
Lieder
und Schweigen
zu dir

Formloser Antrag auf Schnee

Eifel und ...

I

Wir gehen
den Tag entlang
Jenseits des Ginsters
blüht Welt
um den Rand
und duftet
das Tagwort
ins Holz

II

Kannst kommen
lodert der Ginster mir zu
Frag mich
Ich bin
der ich bin

HUNSRÜCK
bei Birkenfeld

Verhügelte Horizonte
dahinter
ein Gleiches

Oktoberende

Ausgeschwärmt
die Vögel
Formation zu üben
ohne Schmerz die
Wegmarke Abschied
zu messen
Das Land
wird kälter
Die langsamer werdenden
Schritte bergan

ZUGVÖGEL

In Buntheit ähnlich
den Blättern draußen
frierend formiert auf dem
Bahnsteigbeton
In Lautsprechern nistet ihr Aufbruch: Ja
dieser Zug geht gen
Süden

Winterpsalm

Noch kein Schnee, der
deine Spur hält
Ich suche dich frierend
in mir

Streit

Wort vor
Wort setzend
läufst du mir
fort

Tagweit der Blick übers Feld
Gehölze bisweilen
den Schnee aufzufangen
Die Luft kündet Kälte
Ich suche tief innen
Zypressen

WIR

In diesem weiten
Schneefeld Zeit
die Schrift deiner Schritte
Wir folgen
halbblinde Spurensucher
den Zeichen durch die Ebene
solange es Tag ist

Mühle, lesbar

Bloßgelegt
den roten Stein
Unter dem Narbengeflecht
der Zeit
Spuren von dem
was uns bleibt

Ich horche
in das Geräusch deiner Schritte
knirschende Nähe
Mich wärmt die Erwartung
Der Schnee
hellt die Nacht auf

FOLGEN
der eigenen Hauchspur
nach oben
über dem klaren Gefunkel
das Frieren vergessen

VORGESCHWIEGEN
ein paar Sätze Stille
Lauschen
nach dem Takt
der Nacht
zur Strophe
Lobpreis

WORTGEÄST
das dichter wird
Irgendwo darin verstiegen
ich
Weisheit einer Wolke
windweit weiter

ÜBER DEN WOHLKLANG DER
Worte hinaus
wartet mein Herz auf das
Wort
Zögernd der Schritt auf Asphalt
Wie viele Wege wohin
Wie viele Wege zurück

... ortet die Hoffnung im Stein ...

Israel, Dezember 2000
für Emil Nicolae

Massada

Nachts
aus dem Stein
metallisch das Blut
in den Traum

Kidron Tal

I

Ort des kürzeren Schlafes
die Seiten hinan
ordnet die Hoffnung
den Stein

II

Ort des kürzeren Schlafes
die Seiten hinan
ortet die Hoffnung
im Stein

GARTENGRAB

Blüht
in den Tag
um den Fels
Blüht
aus dem Fels
in den Tag

Der Winter ist wahrer

Bussana Vecchia, Ligurien

NACHTWEIT

Deine Haut in fernen Zimmern
Der Weg zu ihr hin
Umwege meiner Hände, die Dinge entlang

Dunkelbraune Seen gibt es nicht
sage ich auf den Reisen
bis ich dann

wieder und wieder in
deine Augen tauche
wie um zu ertrinken

nein, eher wie ein Fisch
in seinem
Element geborgen

lass mich
atemlang
ausloten nur diese

Augenseen, nur das
wäre
genug

für ein Leben
in fernen Zimmern
stürze ich

in den Bogen
deiner Hüfte
darf meine Hand

deine Sprache erlernen
fragt sich voll
zahmer Neugier den

Wölbungen zu
wurzelt sich nachtweit
in deinen Atem

Tag, Katze II

Meine Katze ist nicht meine Katze
Ich bin ihr zugelaufen, als ich einzog
Sie frisst, an mein Streicheln gelehnt, lässt mich
neben sich in der Sonne sitzen und ist Katze
Meine Katze ist sterblich
Ihr Zögern vor dem Sprung währt länger jedes Jahr
Sie sitzt mir gegenüber, ich lese ihr
meine Gedichte vor, bis sie
einschläft

Do ut des

Manchmal sage ich laut
In meinem oberen Treppenhaus wohnt
ein Rottweiler
Nur manchmal, es klingt doch
zu sehr nach weißen Mäusen
oder rosa Elefanten vielleicht
Aber es ist so
Er wohnt nebenan, und wenn ich
die Dachterrasse erklimme, habe ich
Hundekuchen in der Tasche, ihn
zu bestechen
Am Abend scheuert er
an meiner Außentür, ich
lasse ihn meine Stimme hören, dass
er weiß, da ist wer, der
geht manchmal auf seine Dachterrasse und
hat Hundekuchen dabei

Der Winter ist wahrer

I

Nur gelegentlich Gäste
die Damen im Pelz
und zögernden Schrittes die
Gassen entlang, die Männer
lässig mit einem Scherz auf den
Lippen und manchmal im
Schatten verstohlene Zärtlichkeiten als
Windschutz getarnt

2

Der Ruch von verbrennendem Holz
in der Luft. Rauch tastet
taumelnd die Mauern entlang. Das
Licht geht voran

3

Die Worte am Feuer
sparsam gesetzt
Und wenn nachts mit dem
Regen das Pflaster aufsingt
einen Winterpsalm der Gassen
klingt am Tag noch
entferntes Echo
aus Wind und aus Worten und
Licht

4

Das Licht entblößt Lügen
sofort
Weit offen klafft
Horizont über Meerblau
Ein Teppich aus
Blattgold als
Ausweg ein
Flüstern aus Wind nur
im Tag

5

Nachts legt sich die
Kälte ums Bett wie ein
Haustier, selbstsicherer
Gast ohne Skrupel
Im Kreis meiner Lampe ein
Buch, eine Decke und
ich, fröstelnd und frei bis der
Schlaf kommt

6

Die Katzen verschlafen den
Tag am Kamin
manchmal nur, langsam
der Weg zum Fressnapf
bloß zur Sicherheit, denn man
weiß nie was
noch kommt

BUSSANA, NACHT

I

Lesen
den sanften Abschwung der Hügel
scheuen
die Zeilen des Meeres
im Sand

Langsam
den Blick heben steinwärts
Über die Mauerwunden
den Schorf der verheilten Gewölbe
der Wände

erreichen
das eigene Ich auf dem Bett
in der Nacht
wenn das Auge nicht
schläft

2

Jenseits
liegt just vor dem Fenster
Die Katzen erklagen
das Recht
ihrer Sicht

3

Stimmen
versichern sich ihrer
Im Schrittfall verliert sich
die Nacht in ein
Wort

4

Über
das holprige Pflaster
tagwärts
Und Nacht hinkt doch
nach

5

Lesart
der Nacht
Das nicht Geschriebene
scheint
aus dem Stein

hier

Ci vediamo

Leute
geschwätzige Fische im
Bachbett der Gassen und
ich
am Feuer
mit einer Katze die
schnarcht und einer, die
mich fragend anschaut, weil
ich schon Koffer packe und
meine Nase besonders tief in
ihr Halsfell grabe
und ich habe
ein paar Briefe geschrieben
ein paar Worte gesetzt
ein paar Möbel gerückt
und unter dem
prüfenden Blick meiner
Katze lächle ich tapfer und
tue als blieb' ich
für immer

Kluft bis ins Wort

Bald Winter

1

Buntlaub
Texturen am Tagrand
Schönschrift am Hügel
Mein Lesezwang lässt mich
nicht wandern

2

Ich lese mich
mit dem Wein Ein
Blick aus dem Fenster Er
stimmt nicht mehr In
buntes Laubfell am
Hügel drüben stemmen sich
Giebel Roh wächst mir
Holz in den Blick Versteinert
täglich ein Stück mir
ins Wort

Jahre haben
kurze Beine

Jenseits

Im Rahmen des Fensters
zu bleiben
Beherzt und beheizt
sage ich: Schnee

Täuschgeschäft

Was immer du
vortäuschst
ich täusche
zurück

Nicht Winter

Trau
meinen Augen
den Schritt nicht zu
über das Weiß hin
dem Fuß nicht
die Kluft
bis ins Wort

WIRFT
so leicht hin
ein Wort mir
in den Nachmittag
Ich antworte
nachts
hol mich ein

Netz um den Tag, das mich fängt
Worte und Wort und die Nacht
Etwas verglüht um den Rand

Raureif

Kristallen
das Dickicht
am Weg
Wir
auf der Salzspur
bergan

Ausblick

AUSBLICK

Vor dem Fenster ein Hof, unten, auf der Blicklinie der
Nachbargarten, uralter Kirschbaum, Pflaumenbaum,
der Blick sucht sich die Lücke über das Tal hinweg auf
den bewaldeten Schwung jenseits, Häuser im Pelz.
Erster Schnee, Kaltland.
Novemberfrost, eisweinträchtig.
Bei Lampenlicht Wärme und die Müdigkeit des
Winters.

DAS DORF, UM DIE BLICKACHSE GELAGERT.
Alle Wege führen in ein geregeltes Drumherum,
es nützt nichts, den Blick einzupacken
und umherzutragen.
Der Weg von hier fort erfordert mehr
als die bloße Bewegung.

An manchen Wegrändern liegt hohes Laub.
Wer die Füße schlurfend hindurchzieht,
darf noch einmal Kind sein.
Wie gut, dass die Spiegel der Bäche
blind sind vom Frost.

Inhalt

Ob da was singt

Horchen · 9
Tag unterm Herz · 10
Zieht der August · 11
Ein Sommer · 12
Ausgedünnt die Vespergesänge · 13
Die Flugzeuge wieder · 14
Leicht schaukelnd · 15
Brich auf · 16
Schmetterlingsflügel · 17
Hinter dem Nebel · 18
Der Weiher · 19
Nach dem Konzert · 20
Wieder still · 21
Die Frage des Regens · 22
Seerosenblüten tagein · 23
Der Regenvorhang · 24
Grashüpferträume · 25
Horchen · 26

Formloser Antrag auf Schnee

Eifel und ... · 29
Hunsrück · 30
Oktoberende · 31
Zugvögel · 32
Winterpsalm · 33
Streit · 34
Tagweit der Blick übers Feld · 35
Wir · 36
Mühle, lesbar · 37
Ich horche · 38
Folgen · 39
Vorgeschwiegen · 40
Wortgeäst · 41
Über den Wohlklang der · 42

… ORTET DIE HOFFNUNG IM STEIN …

Massada · 45
Kidron Tal · 46
Gartengrab · 47

DER WINTER IST WAHRER

Nachtweit · 51
Tag, Katze II · 53
Do ut des · 54
Der Winter ist wahrer · 55
Bussana, Nacht · 61
Ci vediamo · 66

KLUFT BIS INS WORT

Bald Winter · 69
Jenseits · 71
Täuschgeschäft · 72
Nicht Winter · 73
Wirft · 74
Netz um den Tag, das mich fängt · 75
Raureif · 76

AUSBLICK

Ausblick · 79
Das Dorf, um die Blickachse gelagert · 80
An manchen Wegrändern liegt hohes Laub · 81